MOLTO DIVERTITO

Libri Per Bambini Di 7 Anni | Vol. 2 | Come Disegnare E Colorare

ActivityCrusades

Pubblicato da Speedy Publishing Canada Limited

COME DISEGNARE

Questo è un sanguinare attraverso pagina se si utilizza un colorante indicatore o una penna!

Trovare altri grandi titoli di ricerca per disegni da Crociate di attività su Il tuo libro preferito rivenditore

Amazon.Ca I Barnes & Noble (BN.Com) | Libri 1 Milione (BAM. Com)

PUOI COPIA QUESTO?

Utilizza le righe come la tua guida per disegnare l'immagine!

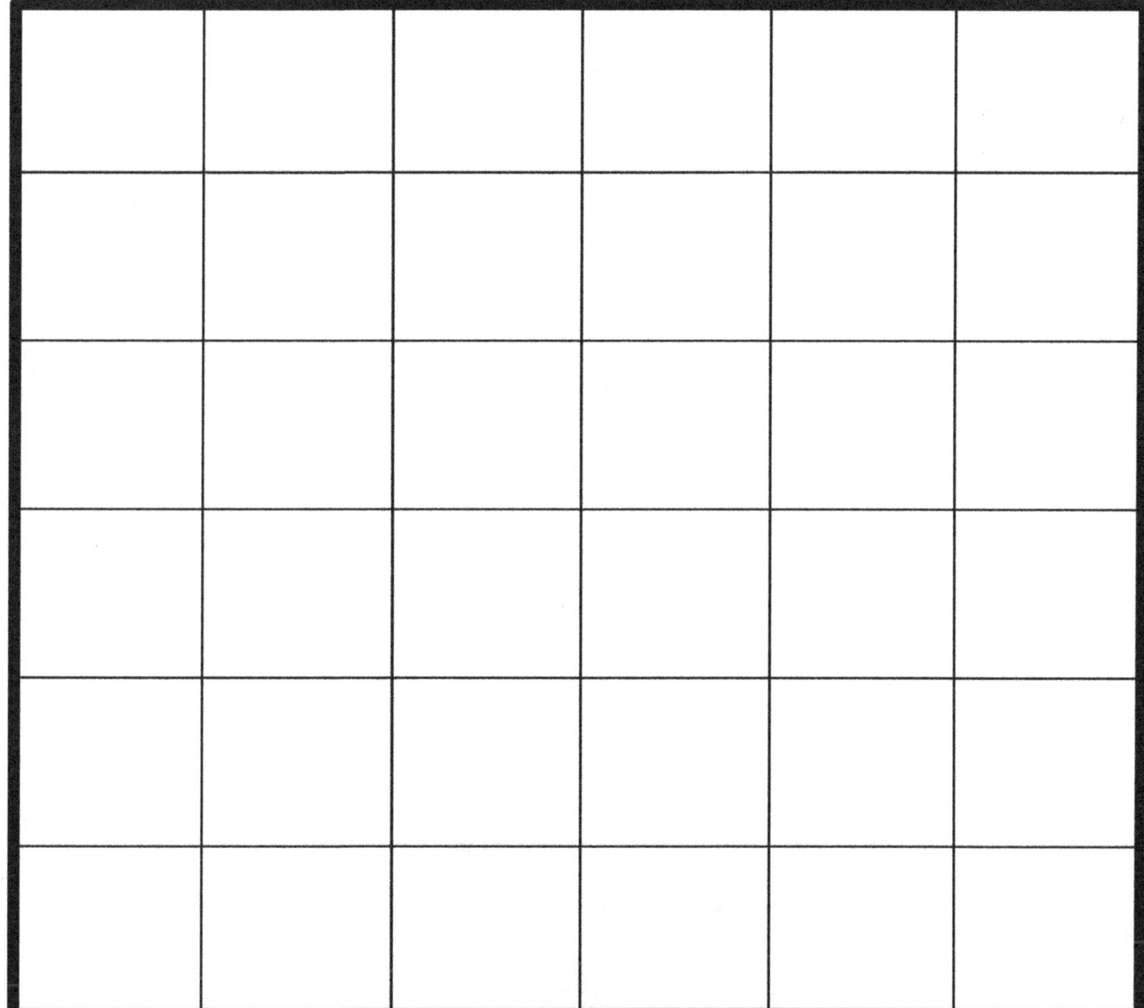

Questo è un sanguinare attraverso pagina se si utilizza un colorante indicatore o una penna!

Trovare altri grandi titoli di ricerca per disegni da Crociate di attività su Il tuo libro preferito rivenditore

Amazon.Ca I Barnes & Noble (BN.Com) | Libri 1 Milione (BAM. Com)

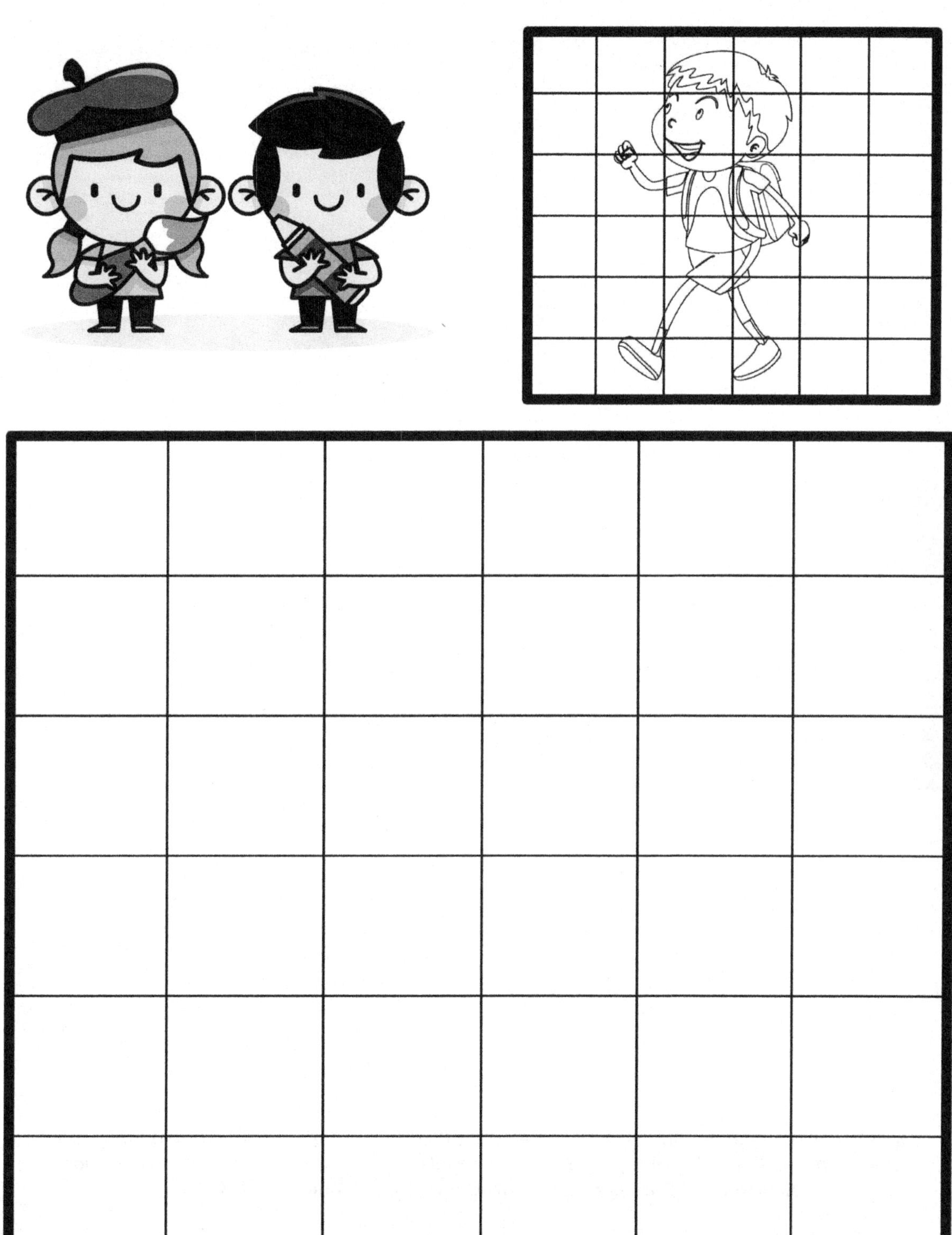

Questo è un sanguinare attraverso pagina se si utilizza un colorante indicatore o una penna!

Trovare altri grandi titoli di ricerca per disegni da Crociate di attività su Il tuo libro preferito rivenditore

Amazon.Ca I Barnes & Noble (BN.Com) | Libri 1 Milione (BAM. Com)

Questo è un sanguinare attraverso pagina se si utilizza un colorante indicatore o una penna!

Trovare altri grandi titoli di ricerca per disegni da Crociate di attività su Il tuo libro preferito rivenditore

Amazon.Ca I Barnes & Noble (BN.Com) | Libri 1 Milione (BAM. Com)

Questo è un sanguinare attraverso pagina se si utilizza un colorante indicatore o una penna!

Trovare altri grandi titoli di ricerca per disegni da Crociate di attività su Il tuo libro preferito rivenditore

Amazon.Ca I Barnes & Noble (BN.Com) | Libri 1 Milione (BAM. Com)

Questo è un sanguinare attraverso pagina se si utilizza un colorante indicatore o una penna!

Trovare altri grandi titoli di ricerca per disegni da Crociate di attività su Il tuo libro preferito rivenditore

Amazon.Ca I Barnes & Noble (BN.Com) | Libri 1 Milione (BAM. Com)

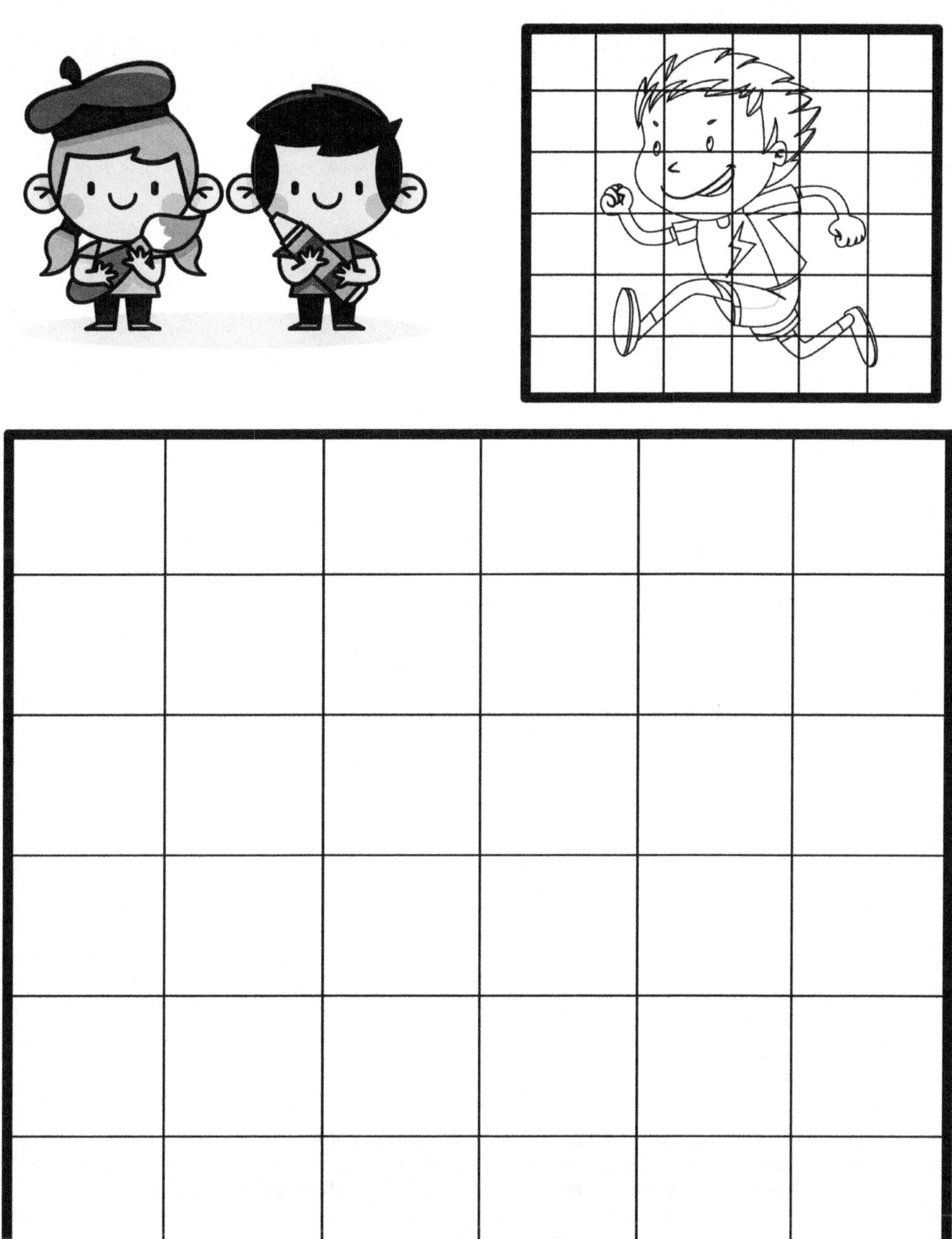

Questo è un sanguinare attraverso pagina se si utilizza un colorante indicatore o una penna!

Trovare altri grandi titoli di ricerca per disegni da Crociate di attività su Il tuo libro preferito rivenditore

Amazon.Ca I Barnes & Noble (BN.Com) | Libri 1 Milione (BAM. Com)

Questo è un sanguinare attraverso pagina se si utilizza un colorante indicatore o una penna!
Trovare altri grandi titoli di ricerca per disegni da Crociate di attività su Il tuo libro preferito rivenditore
Amazon.Ca l Barnes & Noble (BN.Com) | Libri 1 Milione (BAM. Com)

Questo è un sanguinare attraverso pagina se si utilizza un colorante indicatore o una penna!

Trovare altri grandi titoli di ricerca per disegni da Crociate di attività su Il tuo libro preferito rivenditore

Amazon.Ca l Barnes & Noble (BN.Com) | Libri 1 Milione (BAM. Com)

Questo è un sanguinare attraverso pagina se si utilizza un colorante indicatore o una penna!

Trovare altri grandi titoli di ricerca per disegni da Crociate di attività su Il tuo libro preferito rivenditore

Amazon.Ca I Barnes & Noble (BN.Com) | Libri 1 Milione (BAM. Com)

Questo è un sanguinare attraverso pagina se si utilizza un colorante indicatore o una penna!

Trovare altri grandi titoli di ricerca per disegni da Crociate di attività su Il tuo libro preferito rivenditore

Amazon.Ca I Barnes & Noble (BN.Com) | Libri 1 Milione (BAM. Com)

Questo è un sanguinare attraverso pagina se si utilizza un colorante indicatore o una penna!

Trovare altri grandi titoli di ricerca per disegni da Crociate di attività su Il tuo libro preferito rivenditore

Amazon.Ca I Barnes & Noble (BN.Com) | Libri 1 Milione (BAM. Com)

Questo è un sanguinare attraverso pagina se si utilizza un colorante indicatore o una penna!

Trovare altri grandi titoli di ricerca per disegni da Crociate di attività su Il tuo libro preferito rivenditore

Amazon.Ca I Barnes & Noble (BN.Com) | Libri 1 Milione (BAM. Com)

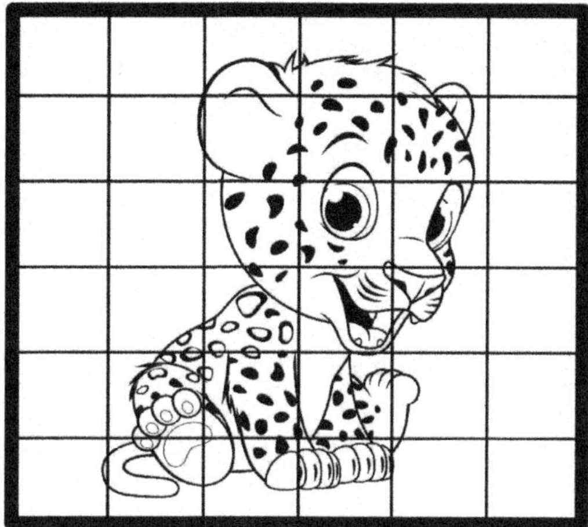

Questo è un sanguinare attraverso pagina se si utilizza un colorante indicatore o una penna!
Trovare altri grandi titoli di ricerca per disegni da Crociate di attività su Il tuo libro preferito rivenditore
Amazon.Ca l Barnes & Noble (BN.Com) | Libri 1 Milione (BAM. Com)

ActivityCrusades
activity books

Questo è un sanguinare attraverso pagina se si utilizza un colorante indicatore o una penna!

Trovare altri grandi titoli di ricerca per disegni da Crociate di attività su Il tuo libro preferito rivenditore

Amazon.Ca I Barnes & Noble (BN.Com) | Libri 1 Milione (BAM. Com)

COLORAZIONE

Questo è un sanguinare attraverso pagina se si utilizza un colorante indicatore o una penna!

Trovare altri grandi titoli di ricerca per disegni da Crociate di attività su Il tuo libro preferito rivenditore

Amazon.Ca I Barnes & Noble (BN.Com) | Libri 1 Milione (BAM. Com)

Questo è un sanguinare attraverso pagina se si utilizza un colorante indicatore o una penna!
Trovare altri grandi titoli di ricerca per disegni da Crociate di attività su Il tuo libro preferito rivenditore
Amazon.Ca I Barnes & Noble (BN.Com) | Libri 1 Milione (BAM. Com)

Questo è un sanguinare attraverso pagina se si utilizza un colorante indicatore o una penna!

Trovare altri grandi titoli di ricerca per disegni da Crociate di attività su Il tuo libro preferito rivenditore

Amazon.Ca I Barnes & Noble (BN.Com) | Libri 1 Milione (BAM. Com)

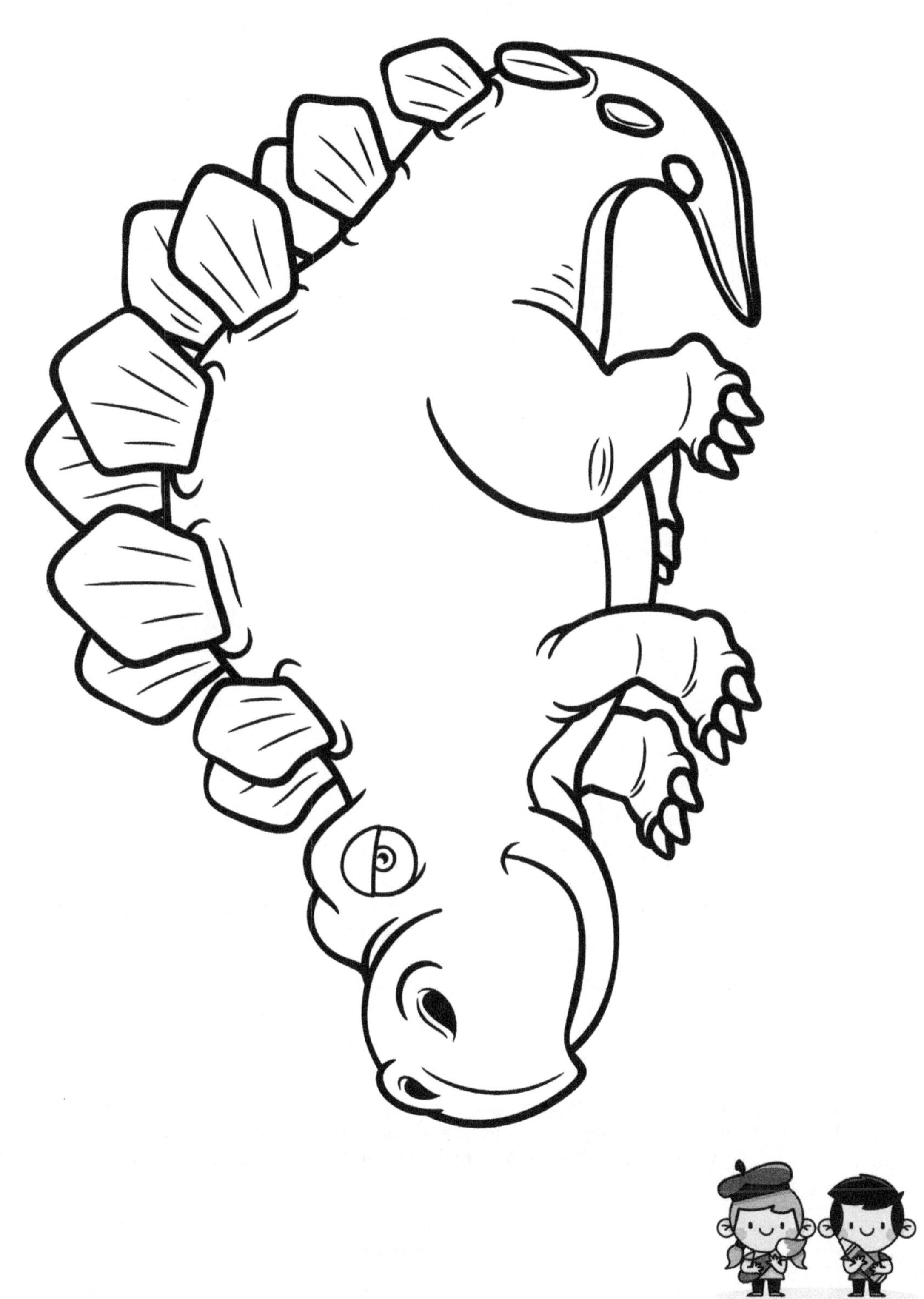

Questo è un sanguinare attraverso pagina se si utilizza un colorante indicatore o una penna!

Trovare altri grandi titoli di ricerca per disegni da Crociate di attività su Il tuo libro preferito rivenditore

Amazon.Ca I Barnes & Noble (BN.Com) | Libri 1 Milione (BAM. Com)

Questo è un sanguinare attraverso pagina se si utilizza un colorante indicatore o una penna!

Trovare altri grandi titoli di ricerca per disegni da Crociate di attività su Il tuo libro preferito rivenditore

Amazon.Ca l Barnes & Noble (BN.Com) | Libri 1 Milione (BAM. Com)

ActivityCrusades
activity books

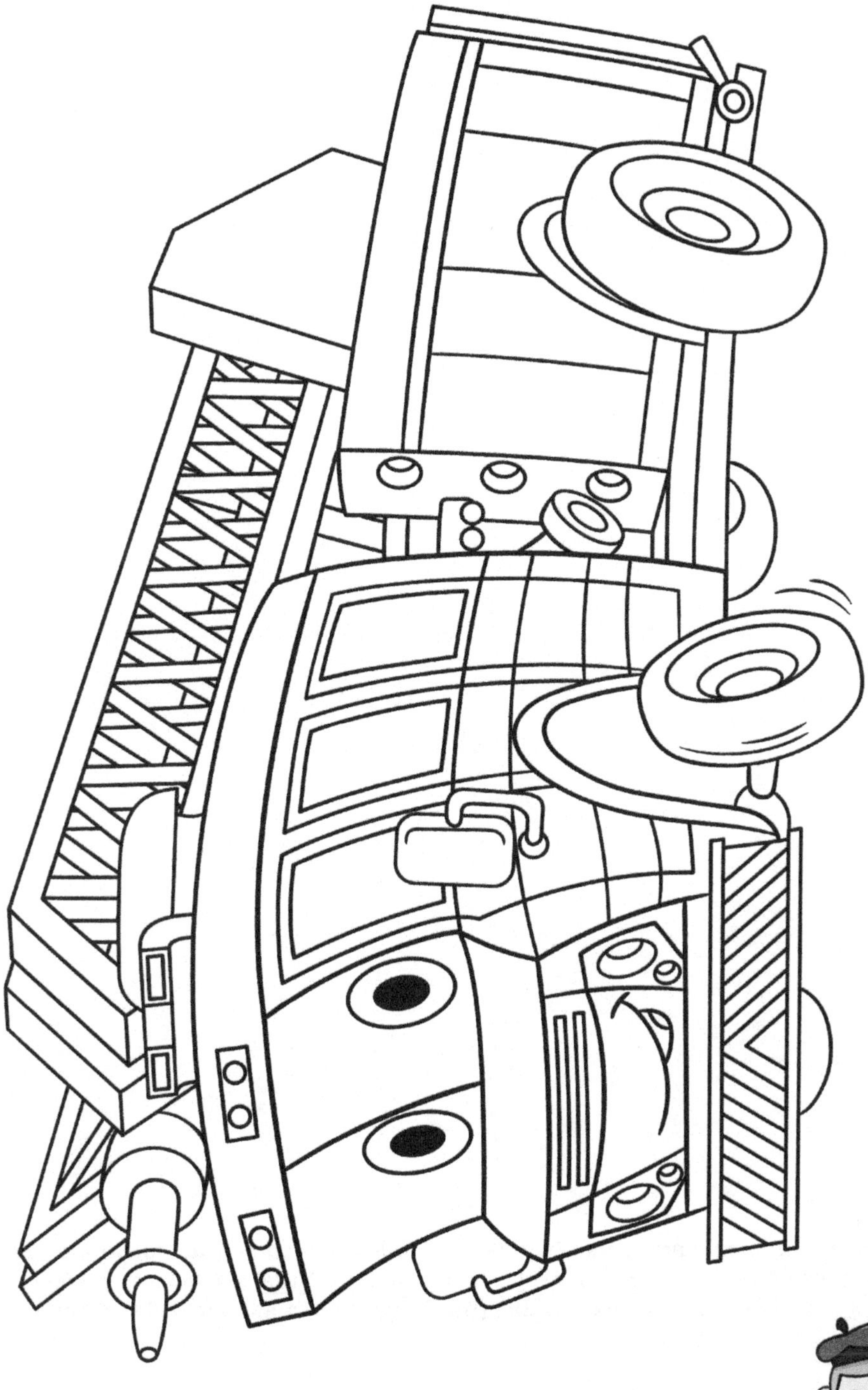

Questo è un sanguinare attraverso pagina se si utilizza un colorante indicatore o una penna!

Trovare altri grandi titoli di ricerca per disegni da Crociate di attività su Il tuo libro preferito rivenditore

Amazon.Ca I Barnes & Noble (BN.Com) | Libri 1 Milione (BAM. Com)

Questo è un sanguinare attraverso pagina se si utilizza un colorante indicatore o una penna!

Trovare altri grandi titoli di ricerca per disegni da Crociate di attività su Il tuo libro preferito rivenditore

Amazon.Ca I Barnes & Noble (BN.Com) | Libri 1 Milione (BAM. Com)

Questo è un sanguinare attraverso pagina se si utilizza un colorante indicatore o una penna!
Trovare altri grandi titoli di ricerca per disegni da Crociate di attività su Il tuo libro preferito rivenditore
Amazon.Ca I Barnes & Noble (BN.Com) | Libri 1 Milione (BAM. Com)

Questo è un sanguinare attraverso pagina se si utilizza un colorante indicatore o una penna!

Trovare altri grandi titoli di ricerca per disegni da Crociate di attività su Il tuo libro preferito rivenditore

Amazon.Ca I Barnes & Noble (BN.Com) | Libri 1 Milione (BAM. Com)

Questo è un sanguinare attraverso pagina se si utilizza un colorante indicatore o una penna!

Trovare altri grandi titoli di ricerca per disegni da Crociate di attività su Il tuo libro preferito rivenditore

Amazon.Ca I Barnes & Noble (BN.Com) | Libri 1 Milione (BAM. Com)

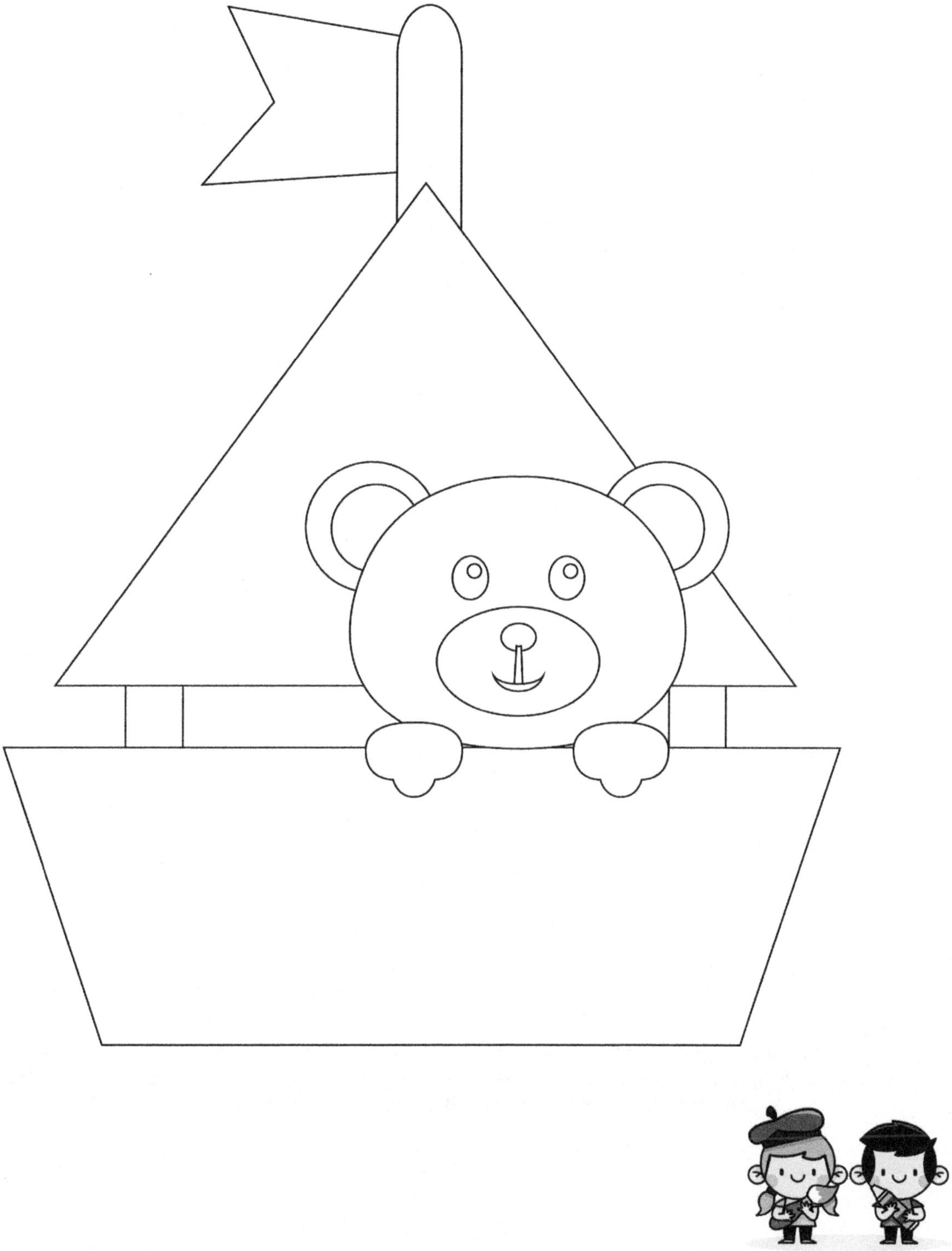

Questo è un sanguinare attraverso pagina se si utilizza un colorante indicatore o una penna!

Questo è un sanguinare attraverso pagina se si utilizza un colorante indicatore o una penna!

Trovare altri grandi titoli di ricerca per disegni da Crociate di attività su Il tuo libro preferito rivenditore

Amazon.Ca l Barnes & Noble (BN.Com) | Libri 1 Milione (BAM. Com)

A
B
C

Questo è un sanguinare attraverso pagina se si utilizza un colorante indicatore o una penna!

Trovare altri grandi titoli di ricerca per disegni da Crociate di attività su Il tuo libro preferito rivenditore

Amazon.Ca I Barnes & Noble (BN.Com) | Libri 1 Milione (BAM. Com)

Questo è un sanguinare attraverso pagina se si utilizza un colorante indicatore o una penna!
Trovare altri grandi titoli di ricerca per disegni da Crociate di attività su Il tuo libro preferito rivenditore
Amazon.Ca l Barnes & Noble (BN.Com) | Libri 1 Milione (BAM. Com)

Made in the USA
Monee, IL
07 July 2026

56545685R00046